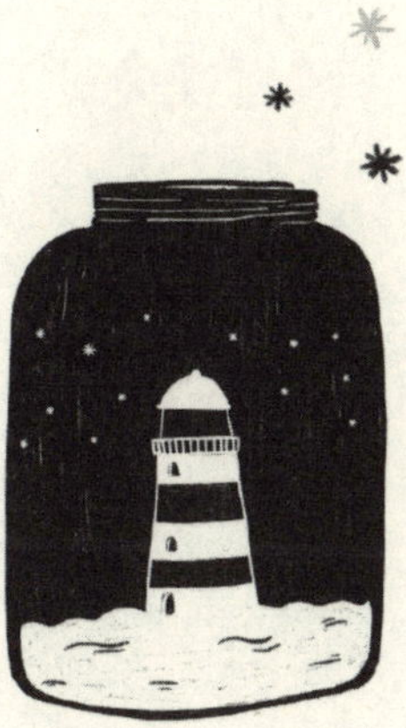

ACREDITE
coisas boas acontecem

ACREDITE
coisas boas acontecem

Sofia Castro Fernandes

academia

Copyright © Sofia Castro Fernandes, 2020
Copyright © Editora Planeta Portugal, 2020
Copyright © Editora Planeta do Brasil, 2025

Adaptação de texto e preparação: Bárbara Parente
Revisão: Valquíria Matiolli e Ana Laura Valerio
Projeto gráfico e capa: We Blog You
Adaptação de projeto gráfico e diagramação: Márcia Matos
Adaptação de capa: Isabella Teixeira

Dados Internacionais de Catalogação na Publicação (CIP)
Angélica Ilacqua CRB-8/7057

Fernandes, Sofia Castro
　Acredite, coisas boas acontecem / Sofia Castro Fernandes. – São Paulo: Planeta do Brasil, 2025.
　224 p.: il.

ISBN 978-85-422-3418-3

1. Autoajuda I. Título

25-1136　　　　　　　　　　　　　　　　CDD 158.1

Índice para catálogo sistemático:
1. Autoajuda

Ao escolher este livro, você está apoiando o manejo responsável de florestas do mundo e outras fontes controladas.

2025
Todos os direitos desta edição reservados à
EDITORA PLANETA DO BRASIL LTDA.
Rua Bela Cintra, 986 – 4º andar
Consolação – 01415-002 – São Paulo-SP
www.planetadelivros.com.br
faleconosco@editoraplaneta.com.br

DEDICATÓRIA

Ao meu filho Martim.
Por ser o meu farol de alegria
e a minha única certeza absoluta.

Ao Pedro.
Por tudo o que é na minha vida:
o meu amor sem mas,
a minha pessoa favorita,
o meu rebelde pacífico,
a torcida e a equipe em campo,
o meu colo seguro de todos, todos os dias.

Aos meus queridos pais, Antônio e Laurinda,
à minha maravilhosa irmã Paula,
aos meus incríveis sobrinhos, Beatriz, Madalena
e Francisco,
por todo o amor, alegria e doçura
que acrescentam à minha vida.

AGRADECIMENTOS

Aos meus tão queridos leitores,
por serem o eco bonito de tudo o que partilho.

introdução...13

amor...17

fé..73

coragem..129

mais dezesseis textos para continuar
a acreditar que coisas boas
acontecem...201

introdução

Não podemos escolher tudo o que vamos viver, mas podemos escolher como reagir perante as inevitáveis escolhas que a vida fizer por nós. Diante de todas as encruzilhadas emocionais que temos de enfrentar, podemos escolher aprender as lições que elas nos trazem. E entender, mesmo que seja muito tempo depois, que tudo o que acontece em nossas vidas tem uma razão, um propósito. Mesmo a maior das dores. Hoje sei que essa razão, esse propósito, acaba por se transformar numa aprendizagem. Das maiores da vida.

E se, muitas vezes, isso tudo que nos acontece nos parece injusto, por outro lado é nessas injustiças que aprendemos a ser mais fortes e mais resilientes. Sabemos disso. Na pele, mas sabemos.

Sabemos que crescer dói. Que não é fácil. Que não é simples. Mas podemos transformar o caminho da aprendizagem em algo mais leve. Para isso, é preciso sintonizar o nosso coração para compreender os desígnios da vida. Afinal, ela cuida sempre das pessoas de bom coração.

Durante o tempo em que vivemos as nossas vidas penduradas pelos fios invisíveis da espera, procurei olhar sempre para aquele raio de sol que teimava em mostrar que ainda há caminhos, ainda há recomeços, ainda há futuro à nossa espera. Agarro-me a isso. Porque aprendi a me agarrar ao melhor.

Há que olhar para dentro e reinventar o que somos, o que queremos da vida. Há que deixar para trás tudo o que demos como adquirido, todas as verdades que achamos absolutas, e usar as ferramentas que a vida nos vai trazendo para seguir caminho. E, enquanto houver um novo dia à nossa espera, haverá sempre possibilidades. E, então, vale a pena seguir. Ir e tentar, uma e mais vezes.

Este livro é isto: um diário de tudo o que escrevi durante a pandemia. Um mapa que me ajudou a superar medos, dúvidas, temores, toda a ansiedade que senti (sinto) pelo que é incerto, impermanente, invisível.

Desejo, de todo o coração, que estas palavras sejam um sopro de amor, de fé e de coragem na vida de quem as acolher.

amor

Manter a certeza de que no fim só vai mesmo importar o quanto cuidamos de nós, o quanto lutamos por nós e o quanto fomos corajosos para saber manter o que é de manter e para deixar ir o que não nos faz sorrir.

O princípio do amor

Ando às voltas para dar um sentido – maior que o óbvio – para ter escolhido estas que são para mim as três bússolas que norteiam a vida: Amor, Coragem e Fé. Acredito que é impossível separá-las, dividi-las, ordená-las ou viver sem elas. São combustível para a vida, são direção para tomar decisões, são força para superar adversidades, dias nublados, coisas e pessoas que nos obrigam a parar e a questionar. E como é importante e edificante saber parar e saber questionar.

Para tudo na vida tem de haver equilíbrio. Para tudo na vida tem de haver bom senso. Os únicos que são verdadeiramente melhores são os que veem o melhor nos outros, são os que tentam se encontrar na fronteira invisível das diferenças, e os que aprendem a ser ainda melhores através delas.

Acredito, assim, que não vivemos sem amor. E não vivemos sem fé. Não vivemos sem coragem. Não amamos sem coragem e sem fé. Não temos fé sem amor nem coragem. E não conseguimos ter coragem sem amor e sem fé. São indissociáveis, difíceis de reunir num tempo só. E sabemos que, quando acontecem juntos, é mágico.

Não imagino o amor sem fé, nem sem coragem. Não é amor. E, trocando apenas a palavra fé por acreditar, quando amamos, acreditamos. Acreditamos no amor em si. Acreditamos na pessoa que amamos. Acreditamos que somos capazes de fazer o outro feliz. Acreditamos que somos únicos, inigualáveis e que a pessoa que amamos nunca será tão feliz com outra pessoa, como é conosco. Acreditamos em nós mesmos. Acreditamos nos sonhos, nas ideias, nos projetos. Acreditamos nos pais, nos filhos, nas famílias. Acreditamos que os outros, que são por nós queridos, nos querem bem, pelo bem, pelo melhor. Acreditamos que tudo está bem, e acreditamos que, se um dia tudo mudar, será para melhor.

Estes últimos anos foram aqueles em que ouvimos (aqui dentro e à nossa volta) esta frase que virou oração: calma, respira fundo, vai ficar tudo bem.

Repetimos para nós mesmos, para os que estavam à nossa volta, para todos os que, nos momentos mais duros, precisaram de um pequeno balão de esperança.

Ainda há muito caminho pela frente. E, se o período que se iniciou naquele 2020 foi muito duro, também foi o momento que nos mostrou a imensa força e resistência que muitas vezes esquecemos que temos.

Fez-nos perder muitas coisas, mas também nos fez ganhar grandes lições de vida: sobre escolhas difíceis, sobre desapego, sobre pessoas que julgávamos conhecer bem, assim como sobre nós mesmos e sobre a coragem que precisamos resgatar nos dias em que a nossa tábua de salvação foi manter bem presentes todos os motivos que temos para sorrir e para agradecer.

Que ao seu lado fique quem te faz melhor. Quem percebe que você sorri com os olhos. E quem te abraça nos dias confusos. Que ao seu lado fique quem desenha asas em seus sonhos. Quem te abraça com um sorriso. E a quem pode demonstrar a sua fraqueza, sem te diminuir.

✴

```
    Que ao seu lado fique
quem desenha asas em seus sonhos.
```

Há "coisas" que não valem o esforço,
a energia, o tempo, a vida.

No amor, não aceite menos do que tentarem fazer com que seja a pessoa mais amada do mundo. Porque sozinha é esse o seu trabalho, a sua missão de vida. Você é a pessoa certa para si, sabe o que merece, dá a si mesma tudo aquilo que espera dos outros, sai de casa completa e, principalmente, feliz. Por isso, quer alguém que também seja assim para si mesmo, essa é a única forma de dar tudo certo. Porque é o amor-próprio que nos ensina a amar.

✷

Você é a pessoa certa para si.

Fique atento a todos os sinais
que o seu coração te dá.
Ele sabe o que é melhor para você.
Sempre.

O amor. Sempre o amor. Só o amor salva. Seja sob a forma que for. Só com o amor se aprende a dar e a receber. A aceitar e a ceder. A cuidar e a querer. A segurar e a confiar. A respeitar e a deixar ser (livre). Aprende-se a gostar mais de nós quando somos amados pelo amor. Aprende-se a gostar mais dos outros quando nos amamos com o coração inteiro. Acredito tanto que os milagres (do amor) acontecem. Com a mesma força em que acredito na força, na resiliência e na coragem que precisamos ter para (os) fazer acontecer.

Na vida
não importa tanto
se falhou e se caiu.

Na vida
importa muito mais
que se lembre de que tentou e, depois da queda,
que se lembre de como se levantou.
E, muito importante,
quem estava lá para te dar a mão.

Não peço para ser sempre forte, peço para ter sempre ao meu lado uma mão que me segure. Não peço para ter muitos planos, peço para não ter medo de errar, para não ter medo de falhar, para não ter medo de recomeçar. Não peço uma vida perfeita, peço para me lembrar sempre da oração da serenidade (coragem para mudar as coisas que posso mudar, serenidade para aceitar as coisas que não posso mudar e sabedoria para distinguir umas das outras). Não peço que tudo dê certo, peço para não perder muito tempo com o que não funciona e para me lembrar de que, às vezes, não ter nada nas mãos é ter o mundo inteiro para ganhar. Levo vestida no coração uma capa impermeável. Uso-a para dias cinzentos, para pessoas tóxicas, para energias negativas, e para tudo o que não me acrescenta nada. Sei que não vou conseguir usá-la sempre, mas prometo tentar todos os dias. Há uma certeza reconfortante que me faz começar cada ano novo com o coração leve: tenho tudo o que me é essencial. Ouço todos os dias "gosto tanto de você", recebo todos os dias abraços que são a minha casa, volto todos os dias para um lugar quentinho e de paz, para as minhas pessoas-sol. É por isso que sou feliz, todos os dias. E é por isso que agradeço tanto, todos os dias.

※

```
Às vezes, não ter nada nas mãos
é ter o mundo inteiro para ganhar.
```

Há sempre alguém em nossa vida
que merece (e precisa)
ouvir coisas boas (incluindo nós).

É amor. Saber dar importância apenas ao que tem fundamento e deixar de lado o que não acrescenta nada ou o que não faz bem. Investir nesse exercício diário. É amor. Interiorizar que o silêncio vale ouro – e continua a ser a melhor resposta para pessoas de má-fé. Ir sempre até onde a força permitir, e perceber que há em nós um pouquinho mais de uma força que nem sonhávamos existir. Está lá sempre. É amor. Gostar e amar sem pedir nada em troca, perceber como isso é reconfortante. Ter mais paciência, tolerância e perdoar os erros (os nossos e os dos outros). Obedecer ao que manda o coração, mas não se esquecer de manter, pelo menos, um pé no chão. Saber que é tão bom encontrarmos o nosso caminho, mas aceitar que não tem nada de errado se às vezes nos perdermos. É amor. Manter um sorriso na cara e não deixar de acreditar, mesmo quando a vida fecha uma porta (ou várias, é a vida querendo testar os nossos limites, a nossa força e resiliência). Perceber que não conseguimos abraçar o mundo inteiro, mas que é sempre possível abraçar algumas pessoas e fazer toda a diferença.

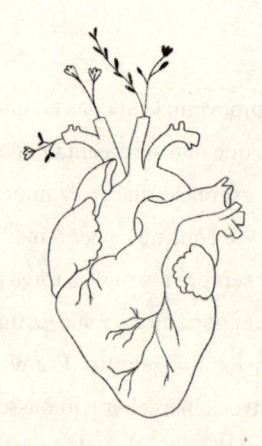

Pequeno lembrete da vida:
Quem quer ficar, fica. Quem quer ligar, liga. Quem tem saudades, diz.
E quem gosta de nós do coração para dentro
(e não da boca pra fora),
sabe que o que conta nesta vida não é o que se diz,

é o que se faz.

Que você saiba guardar em sua vida as pessoas que entraram e fizeram de você uma pessoa melhor. Que saiba redobrar a coragem quando tudo estiver difícil. Que saiba reforçar a fé quando o mundo te fizer duvidar. Que o amor seja o seu escudo quando lhe atirarem pedras e que a Força Maior esteja sempre contigo quando o caminho for para o alto. Que na essência se mantenha doce, que a atitude-sol seja a sua melhor amiga nos dias cinzentos, que a gratidão seja a sua bússola em todos os caminhos, e que nunca se esqueça de vestir a sua capa impermeável para pessoas e dias amargos. Que nenhum coração o faça duvidar de que o único segredo para ser feliz é acreditar.

✷

```
Que na essência se mantenha doce.
```

Há momentos

em que a melhor decisão

que podemos tomar

é a de respirar fundo,

de dar um passo para trás

e de manter certa distância.

Há silêncios que trazem

as melhores respostas.

Quantas vezes você se percebe respirando fundo e engolindo o choro, achando que não pode baixar a guarda. Que tem de ser forte todos os dias porque é isso que esperam de você, porque é isso que acaba por escolher para si.

Ao longo da vida e dos dias confusos, precisamos respirar fundo mais vezes, pensar mais no que queremos e menos no que é suposto. Aceitar o que sentimos sem medo das críticas, do que acham, do que vão pensar. Precisamos chorar para limpar, ficar quietas para acalmar, parar e ganhar tempo para continuar, abrir espaço – no coração e na vida – para deixar chegar o que merecemos abraçar.

✺

```
Distancie-se um pouco.
E vai perceber tanto.
Sobre tantos. Sobre você.
```

Faça bonito. Mesmo que mais ninguém repare.

Faça por você.

Faça sempre por você.

Saia do modo opção.

Você é a sua prioridade.

Hoje e sempre.

Arrisque ser quem é de verdade.

Não tenha medo do que os outros vão dizer:

tem de fazer sentido para você. Largue tudo o que o tem

atrasado e, talvez pela primeira vez em sua vida,

ponha-se em primeiro lugar. Você consegue. E merece.

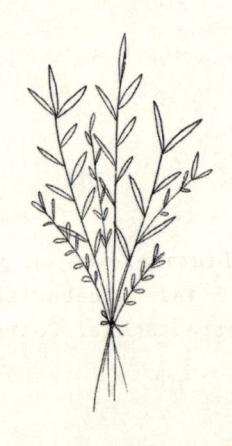

A qualquer momento estamos a tempo de trabalhar o equilíbrio entre as conquistas do coração e as conquistas de tudo o que podemos aprender na vida. Dar um sentido a tudo o que fazemos, dizemos e pensamos, e acrescentar linhas ao nosso pequeno livro do otimismo. A qualquer momento estamos a tempo de aceitar que "não importa o nome da origem das forças que nos empurram para a frente ou nos obrigam a ficar de pé". O que é importante é que elas existem e estão sempre dentro de nós. Sempre. Às vezes só precisamos parar e reconhecer o que nos move e o que nos traz alegria, paz interior e a liberdade para fazer aquilo que queremos, e não aquilo que os outros esperam de nós.

Há momentos em que todos precisamos
de um abraço bem forte,
que vem para nos lembrar:
não lute consigo. Se te faz feliz,
deixa f l u i r.

Fôlego e fé

(re·cu·pe·rar) *verbo transitivo*

Readquirir forças, energia e alegria. Restaurar. Consertar. Continuar depois de uma interrupção.

* O verbo que se cola à minha vida tantas vezes. A quase urgência de virar a página e de deixar para trás tudo o que pesa. O mantra interiorizado – sei que não vai durar para sempre. Como acontece com tudo, tudo é uma questão de tempo. E quem passa por tempestades não se esquece da bonança. O que se perde nos dias em que andamos perdidos não é verdadeiramente perder. Nunca se perde o que nunca foi nosso. Nunca corri para pegar um trem. Quando os perco, sei que nenhum era o meu.

APRENDEU

com os seus erros e deu a volta por cima.

MANTEVE

o coração limpo quando soube perdoar.

DEIXOU IR

o que já não te fazia bem e seguiu em frente.

DEU

o seu melhor sorriso (e o seu maior silêncio)

a quem duvidou que conseguiria.

E nunca deixou para trás aqueles que verdadeiramente importam.

Abraçar as alegrias. Agarrar com força e foco os dias felizes. Colá-los todos à pele. Interiorizar o quanto os mereço.

Mereço,

    mereço,

        mereço.

Não aceitar o conformismo. Não permitir que o cansaço me paralise. Não dar poder a quem não merece. Eu não sou perfeita. Você não é perfeito. Porque ninguém é e ninguém precisa ser. Você pode ser você mesma sem se magoar, sem se cobrar tanto.

  acredite

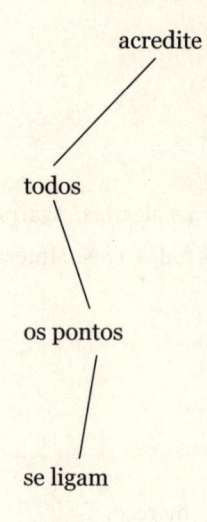

                                          todos

                                      os pontos

                                      se ligam

Não há nada

que nos aconteça por acaso.

Não há nada que

mais cedo ou mais tarde não se explique.

Nesse dar e tirar da vida,

é preciso estar atento ao que pensamos,

ao que damos e ao que perdoamos.

Nenhuma ação ou escolha

fica sem retorno.

Saber arrumar (n)o coração é um exercício difícil, mas necessário. Confie nas voltas que a vida dá. Porque doa no coração aquilo que doer, nunca devemos tentar convencer alguém a ficar em nossa vida. Quem gosta, fica, simples assim. E, quando não é simples, quando não traz sossego, não é amor, é apego.

✳

```
    Quem gosta, fica, simples assim.
E, quando não é simples, quando não traz sossego,
            não é amor, é apego.
```

Quando pedir

alguma coisa à vida,

peça que o ensine

a viver de peito aberto.

E a acreditar

sem mas

que há uma luz

no fim do túnel

para cada escuridão

que tiver de enfrentar.

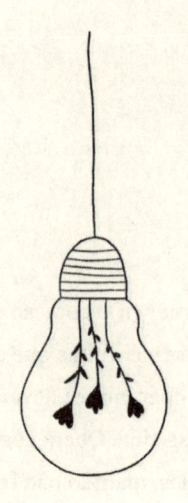

Um dos gestos mais bonitos que podemos fazer na vida é mostrar a alguém que acreditamos nessa pessoa. Porque todos passamos por momentos que nos fazem duvidar se somos capazes, se vai dar tudo certo, se é o caminho certo. Dizer a alguém que acreditamos, que confiamos no que é capaz de fazer, e que estamos do seu lado para o que der e vier, é tão forte e tão empoderador que é bem capaz de ser o que naquele momento exato faz o mundo de alguém girar no sentido certo. E eu acredito que ter fé nos outros é uma enorme prova de amizade. E de amor.

ACREDITE, COISAS BOAS ACONTECEM

Vai percebendo que passa,

que passa sempre,

que te cura,

que sobrevive,

que elas, as quedas,

uma por uma,

chegam para que volte a aprender a força do verbo reerguer.

Vai percebendo que muitas coisas (e pessoas)

mudam de lugar (e de certezas)

para que (re)conheça em si o valor,

a coragem

e a fé do verbo recomeçar.

Que o seu coração te ensine a tentar, a arriscar, a não desistir de confiar. Que te repita – baixinho – que há sempre uma nova saída, uma nova oportunidade, uma nova maneira de ver a vida e o que "temos" nas mãos.

Que o seu coração te lembre de que para tudo há sempre um novo (re)começo, uma nova fornada de coragem e uma nova lufada de esperança pronta para te levar a caminhos e a corações bonitos.

Que o seu coração te ensine a não duvidar da luz imensa que tem, e que te ensine a confiar na força desta certeza: o tempo resolve tudo. Traz tudo o que merece e tudo aquilo de que mais precisa. Que isso te baste para continuar a acreditar que tudo o que existe para te fazer feliz vai chegar.

✷

Para tudo há sempre um novo (re)começo.

Às vezes,

quando menos se espera,

a vida te dá uma nova cartada de esperança.

Uma nova volta de 180 graus,

que te põe na margem certa do caminho.

Que tenha a sorte de ter ao seu lado pessoas que te inspiram porque persistem e pessoas que te inspiram porque desistem quando já não são felizes. Que tenha a sorte de ter ao seu lado gente que ergue a voz quando é o momento de falar, e gente que se cala quando o silêncio responde melhor. Que fiquem sempre perto de você os que começam e vão até o fim e os que caem, levantam-se e recomeçam sempre mais uma vez. Que em sua vida tenha a sorte de ter ao seu lado os de coração solar, os que fazem o que sentem, os que vivem agora, os que ajudam a levantar em vez de o empurrar, os que não se levam muito a sério, os que descomplicam e ajudam você a descomplicar, os que são gratos por tudo, os que têm, mesmo, um bom coração. São esses que trazem energia boa para o mundo e são esses que mudam para melhor a vida de quem os rodeia.

✳

```
Que fiquem sempre perto de você
os que começam e vão até o fim.
```

A QUEM GOSTA DE NÓS

quando nos esquecemos de gostar de nós,

A QUEM GOSTA DE NÓS

por sermos como somos, e não como o mundo gostaria que fôssemos.

ÀS PESSOAS-SOL

que nos fazem sempre bem:

que sorte grande,

que gratidão infinita

poder tê-las na nossa vida.

Nos dias em que nos iludimos com os outros, em que confiamos de coração aberto e ficamos com uma cicatriz a mais, a vida chega e volta a explicar: a lei do retorno funciona. Sempre. E, mais cedo ou mais tarde, tudo acaba por se encaixar no "devido lugar". Não precisamos ter todas as respostas, fazer tudo certo, ou ter sempre razão. Precisamos de fé, aquela força que nos puxa para cima quando o mundo nos empurra para baixo.

✳

```
Tudo acaba por se encaixar
      no "devido lugar".
```

Há coisas

(e pessoas)

que valem o tempo todo

que esperamos

(e lutamos)

por elas.

Algumas certezas a que me agarro nos dias de poucas certezas:

- precisamos (mesmo) uns dos outros;

- podemos, com gestos de cuidado, de bondade e de esperança, ser uma boia de salvação para algumas pessoas;

- quando tudo o que nos fazia correr na vida se torna menos urgente, é aí que realmente damos valor àquilo de que precisamos;

- há sempre alguém que nos acompanha onde é mais importante: aqui dentro.

Ria quando acharem que vai chorar,

levante-se quando acharem que vai cair.

Corra quando acharem que vai parar,

confie quando acharem que vai duvidar.

Tente quando acharem que vai desistir.

Lute quando acharem que vai perder.

Segure o seu mundo

quando acharem que vai segurar o dos outros.

Às vezes choro. Quando tudo pesa muito dentro do peito, choro. Quando me falta o ar e o alento, choro. Quando as dúvidas me cercam sobre as respostas que não tenho, choro. E vou tentando manter a calma e a coragem para acreditar que isso tudo trará um sentido (qualquer) que vai nos fortalecer (há dias em que não acredito em nada disso). E tento manter o foco de seguir o ponto de luz que aponta para a sorte que tenho. E repito a mim mesma que é essa força maior que me fará levantar todos os dias para agradecer o que é essencial agradecer neste momento. Mesmo que, muitas vezes, e sem qualquer vergonha ou medo de o assumir, eu chore.

Nem sempre vai fazer sentido.

Nem sempre tem que fazer sentido.

Nem sempre os outros vão entender

e nem sempre você vai entender.

Às vezes só vai fazer sentido para você.

Às vezes só vai fazer sentido muito tempo depois.

Às vezes não chega a fazer sentido.

O que mais importa é que te faça bem,

é que te faça feliz,

é que te traga leveza.

A você e à sua vida.

E, se o mundo te disser que isso é egoísmo,

responde que, para você, é amor-próprio. Muito.

Que sejamos mais unidos, uns pelos outros. Que sejamos mais fortes, uns pelos outros. Que saibamos fazer a diferença na vida uns dos outros. Que sejamos força, amor e coragem uns para os outros. Que a bravura, a resiliência e a esperança sejam o tanto que nos une, uns pelos outros. Que, mesmo com escolhas diferentes, opiniões diferentes, religiões diferentes, vidas diferentes, lutemos lado a lado, uns pelos outros. E que, entre a indiferença e o estender a mão para ajudar a reparar a fé e a força de alguém, encontremos (sempre) o nosso coração do lado certo da vida.

∗

Que sejamos força, amor e coragem.

Eu acredito

na força do amor

que damos a nós mesmos.

E acredito, muito, que não há nada que derrube

uma pessoa que gosta (de verdade) de si mesma.

Recomeçar a partir das janelas que abrimos para a vida. Arrumar o lado de dentro.

(Re)alinhar o foco.

(Re)centrar.

(Re)ajustar.

(Re)inventar.

(Re)fazer as coisas.

Voltar a olhar para elas com mais distanciamento, mas também com mais profundidade. Que consigamos todos aprender que resiliência é coisa de gente que não joga a toalha, de gente que não entrega os pontos, de gente que não cruza os braços. Não enquanto o "jogo" não chega ao fim. Nem sempre podemos fazer o que nos agrada, mas sim o que é preciso ser feito. E há fases em que é urgente parar, ficar, respirar fundo e não pedir nada: apenas agradecer. Do mais simples ao mais urgente: a saúde, o amor e a esperança.

É possível as pessoas serem como são

e mesmo assim serem amadas.

E terem amigos e amores.

Há quem goste sinceramente de pessoas imperfeitas.

Como eu. Como você.

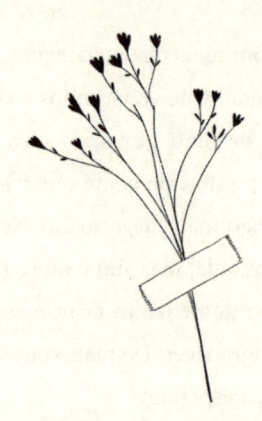

Fazer um elogio do nada. Agradecer um gesto bom. Escrever uma mensagem bonita. Dizer que temos saudades. Encontrar formas de fazer alguém se sentir abraçado, acompanhado, compreendido. Ajudar pela gratidão de praticar o bem. Fazer silêncio quando não temos nada de bom a acrescentar. Não precisamos de dias ou de motivos especiais para fazer e dizer coisas boas.

*

Dizer que temos saudades.

Que o nosso coração seja sempre
maior
do que o nosso umbigo.

Que a nossa fé seja sempre
maior
do que o nosso medo.

Que a nossa estrada seja
maior
do que a nossa dúvida.

Que o nosso amor seja sempre
maior
do que as nossas desilusões.

Está fazendo o melhor que pode, com o melhor que tem. Respire fundo. Diga boas palavras a si mesma. Abrace-se. Procure tudo o que te trouxer conforto sempre que sentir a ansiedade aumentar. Dê apoio a quem conseguir dar. Há sempre alguma coisa que podemos fazer por alguém. Cante, dance, ria, faça tudo o que puder para aumentar a boa energia. Não esconda nada do que sente por medo do que os outros vão pensar. Estamos todos sentindo esse turbilhão imenso de incerteza, dúvida e medo. Cada um vai gerenciando como sabe, como pode, como consegue. Está tudo certo dentro desse imenso tudo errado. Eu respiro fundo muitas vezes e repito baixinho: vai conseguir.

✴

```
      Está tudo certo
   dentro desse imenso
        tudo errado.
```

Vamos continuar a tentar.

E vamos continuar a errar.

E é nesse equilíbrio

que aprendemos,

crescemos,

vivemos.

É preciso trazer leveza para dentro e saber que ser leve não é o mesmo que estar "nem aí" para o que se passa à nossa volta. Se não conseguirmos trazer alguma luz para dentro, o peso torna-se insuportável. É aos poucos que essa mudança (de dentro) vai acontecer. E é aos poucos que vai começar a fazer sentido esse novo sentido que vamos (todos) ter de encontrar. Que pelo caminho saibamos ser altruístas com os outros, mas também conosco. Que saibamos levar amor e esperança aos outros, mas também a nós mesmos. Que saibamos ter noção da realidade, mas também a capacidade de sonhar. Ainda podemos sonhar. Porque ainda é possível acreditar que vamos ficar bem depois de a nuvem passar.

※

```
     Se não conseguirmos trazer
       alguma luz para dentro,
     o peso torna-se insuportável.
```

Amor é:

    o dia em que você para de pedir desculpas

    por não corresponder a expectativas alheias.

Coisas bonitas de amor que devia dizer (e ouvir) todos os dias: que a vida te dê tudo o que precisa para ser feliz, e que saiba, sempre, ser feliz e agradecido pelo que tem. Que aprenda a importância de caminhar com a mesma força e a mesma fé em cada recomeço, e que não vire, nunca, as costas para amar, de novo e com a mesma coragem. Que confie na certeza de que há muitos inícios depois de cada fim e que guarde (sempre) dentro de si a simplicidade de saber que o melhor lugar para se chegar, respirar fundo e ficar é dentro de um grande abraço: de todos aqueles que te trazem amor e paz, incluindo nessa lista bonita o seu abraço em si mesmo.

✷

```
Que confie na certeza
de que há muitos inícios
   depois de cada fim.
```

Quem te inclui

numa oração,

quem te dá a mão

quando o seu mundo está uma confusão,

quem pergunta se está bem

não porque fica bem perguntar,

mas por pura preocupação,

isso é amor.

Que nunca tenha vergonha de sentir orgulho por todas as tentativas que fez, mesmo que tenha falhado; por todas as vezes que o seu coração acreditou, mesmo que o mundo tenha duvidado; por todos os dias em que ergueu a cabeça e lutou por você.

Que nunca tenha vergonha de se sentir leve e agradecido pelo dia em que por amor (próprio) deixou para trás o que já não o levava para a frente, pelo dia em que, em vez de uma vírgula, escreveu um ponto-final.

Nunca tenha vergonha de continuar a acreditar que nem sempre a força está em avançar. Muitas vezes, é no recuar que se vê a coragem de quem quer mesmo mudar.

Não é sobre quem te conhece há mais tempo.
É sobre quem chegou à sua vida

e nunca deixou de estar ao seu lado.

Há momentos na vida em que nos é pedida uma força que achamos não ter. Mas temos. E no momento certo é essa força invencível que nos vai fazer levantar a cabeça, fincar os pés no chão, acreditar e recomeçar. Chama-se amor. E é, mesmo, o que faz o mundo girar no sentido certo.

✳

```
Fincar os pés no chão,
acreditar e recomeçar.
```

fé

Nem sempre precisamos de um plano.
Às vezes, só precisamos parar, respirar,
olhar em frente e acreditar com toda a fé:
a vida sabe sempre onde é o nosso lugar.
Seguimos.

O princípio da fé

Reinventar a vida. Ter a força e a coragem de agir com o coração. Repetir um grande salto de fé. Acordar todos os dias na certeza de poder ganhar o pão que sustenta a vida a fazer aquilo que me apaixona. Mover-me pelas pessoas e pela convicção de que todos podemos ser mais felizes se descobrirmos o infinito potencial de que somos feitos.

Nem todos os dias são bons, nem todos são cor-de-rosa. Há fases em que seria muito mais fácil desistir... se eu não tivesse gravado na pele a palavra resiliência.

Há muitos dias na minha vida em que repito isso a mim mesma até sentir a minha fé forte e pronta para recomeçar:

Você não é as suas quedas, não é os erros que cometeu, não é a opinião das outras pessoas sobre você.

Você é a força que tem e que a obriga (sempre) a levantar; é a coragem que tem e que lhe dá garra para não desistir de recomeçar; é o amor que traz no peito e que – apesar de tanto – nunca a deixa amargar; é a fé limpa e leve que mantém no coração para nunca, por nada e por ninguém, deixar de confiar. Você é muito mais do que o que vê no espelho, é muito mais do que aquilo que pensam de você, e é muito mais do que tantas vezes acredita que é.

Acredito que não há força no mundo que pare os que têm uma fé gigante, os que têm um propósito forte, os que têm um coração que acredita sempre. Não há força no mundo que impeça quem tem vontade de fazer mais do que dizer, quem se levanta mais forte e se refaz de todas as vezes que a vida dói, quem acredita que é capaz de tornar o mundo um lugar um pouquinho melhor, quem sorri porque se sente agradecido, quem observa e absorve só o que vale a pena.

A vida vai nos mostrando que o mundo se divide entre os que encaram os dias vestidos de desânimo e os que encaram os dias respirando esperança.

Não abaixe os braços nem a esperança. Encare a vida com um sorriso na cara e muita fé no coração. Seja feliz com quem te faz feliz. Foque a sua coragem, ignore o ruído dos outros. Seja tão constante em suas lutas como em sua gratidão. A vida pede apenas força para ultrapassar dias cinzentos, e serenidade para distinguir o essencial do que não lhe faz falta. Mantenha sempre por perto a única certeza que deve carregar no peito: tudo vem no tempo certo.

※

Tudo vem no tempo certo.

Há momentos na vida
em que a única coisa
que você tem a seu favor
é a sua fé.

E basta.

Aprender a respirar como se aprende a andar. Ter cada vez menos certezas e viver bem com essa escolha. Não dar nada e ninguém por garantido e nunca esquecer que tudo pode mudar: o bom e o mau. Ter a coragem de desafiar as coisas que (outros) tentam impor como certas. Segurar, com fé, as rédeas da nossa vida. Viver com autenticidade, coerência e consistência, alinhados com a nossa verdade e com a confiança de que está tudo certo, mesmo o que não nos parece certo: em breve fará mais sentido do que nunca. Dar tempo, espaço e ar. A bonança acaba sempre por chegar ao coração de quem não desiste de acreditar.

Não perca a fé.

E nunca se acomode ao que não o faz feliz.

Esse seu coração bom ainda vai te levar tão longe. Essa alma bonita que leva aí dentro ainda vai te trazer tantas coisas boas. Essa sua verdade e transparência ainda vão te fazer ir dormir tantas vezes com a consciência tranquila e acordar sempre com uma sensação inabalável de paz. Tenha fé em si mesmo. Sempre.

Não precisamos fazer muito

para mantermos o que nos torna mais felizes.

Eu sei que é difícil. Sei que há muito ruído em volta. Sei que é um desafio gigante pedir ao mundo que fique calado, que fique quieto, que por uns minutos saiba não pedir, não exigir, não mandar, não cobrar. Mas também sei que consegue. Todos conseguimos. Quando nos colocamos em primeiro lugar. Quando nos lembramos, devagarinho e com amor, de que tudo passa. Tudo. E que o tempo é, e será sempre, o melhor amigo de quem quer muito, o melhor amigo de quem faz o que tem de ser feito e de quem, depois dessa grande luta, tem a doçura certa para esperar pelo que – de melhor – vai chegar.

＊

O tempo é, e será sempre,
o melhor amigo de quem quer muito.

s i l ê n c i o

Só precisamos confiar

para aceitarmos

que é tão necessário

quanto as vezes em que falamos.

Tudo na nossa vida está no lugar certo, na hora certa. Tudo o que vem para a nossa vida faz parte do que precisamos enfrentar e superar. Aceitar é uma parte da força que ajuda a continuar a lutar. Não comparar com a vida dos outros é outra parte da força: cada um tem o seu próprio tempo, as suas próprias batalhas, as suas dores, os seus dias de peito aberto. Muito mais do que olhar para o lado, tenha fé em si mesmo. Acredite que é capaz de enfrentar qualquer coisa, de superar qualquer dor. Confie na luz que há em você, aquela que ninguém – nunca – poderá apagar. Recomeçar sempre foi e sempre será o seu maior ato de coragem.

※

```
Recomeçar sempre foi e sempre será
    o seu maior ato de coragem.
```

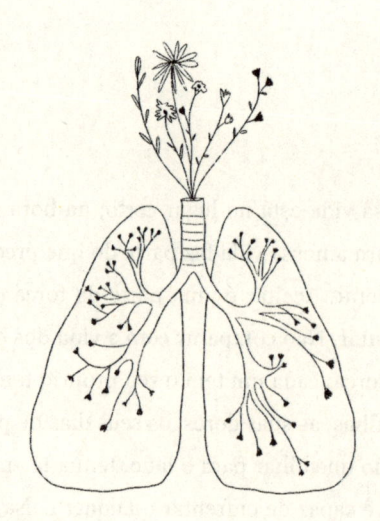

Aos que recuam
> para ganhar equilíbrio
> e aos que acreditam
> que, não importa o que acontecer,
> o melhor lema de vida será sempre:
> respire fundo,
> sorria
> e agradeça.

A vida está preparada. Sabe o que fazer e o que dizer. Conhece os lugares onde vamos entrar e ficar, e conhece os outros, onde, por mais tempo que passemos, jamais faremos morada. Vai nos dizendo tudo, aos poucos, com calma, na alma, prometendo sem prometer que no fim tudo dará certo.

✷

```
A vida conhece os lugares
    onde vamos entrar
         e ficar.
```

nota

para guardar no coração:

No tempo certo.

Sempre no tempo certo.

Primeiro aprendemos que é importante não julgar as escolhas das outras pessoas. Depois descobrimos que também podemos nos julgar menos. Se erramos, já foi. Se hoje não foi o dia perfeito, a noite pode ser boa. Devemos querer resolver uma coisa de cada vez. Não deixar que um problema vire uma avalanche de coisas más. Como? Respire. Escute o seu coração. Tenha fé no que sente. Você consegue.

Há momentos

nas nossas vidas

em que podemos esperar,

guardar para depois.

Há outros em que **agora**

tem mais força do que nunca.

A revolução é interna. Sempre. Porque você não precisa, não merece e não quer passar por cima de nenhuma dor. Física ou emocional. Porque você não é sempre uma fortaleza. Porque pode pedir ajuda. O que você sente importa. E você pode ser vulnerável sem perder a sua força.

Se muitos estão sempre

à espera do pior,

procure você

o que te faz feliz.

Refletir é palavra de ordem. Olhar para o que fomos e para o que foi, para o que somos aqui e agora, e o que queremos continuar a ser, a melhorar e a mudar. Fazemos um balanço interior. Conferimos e agradecemos a vida que temos, damos valor às coisas boas e também às menos boas, as que nos fizeram crescer e valorizar todas as outras. Reparamos melhor na vida que corre apressada e reforçamos essa nossa alegria pela liberdade de escolha, de poder recomeçar a cada dia, a cada semana, a cada mês, a cada novo ano.

Não temos garantia de nada

e por isso mesmo

o nosso maior compromisso (e a nossa maior fé)

precisa ser com o nosso coração.

Faça um balanço interior. Pare um pouco, repare na vida e no que te rodeia. Reforce a sua gratidão pela liberdade de escolha que foi dada, pela liberdade de poder recomeçar todos os dias, pela liberdade de poder fechar ciclos e começar outros, pela liberdade de poder decidir encher a sua vida de sentido. Procure a geometria simples da felicidade: um presente para viver, um passado (que te ensinou) para agradecer, um futuro para esperar. Defina objetivos que te apaixonem e motivem a seguir em frente. Tenha na família e nos amigos uma promessa de sol incondicional, a luz e a esperança que te levam ao colo quando te falta a força, a fé em si mesmo e no tempo certo de tudo. Olhe para a frente com serenidade, com a certeza de que, mesmo sabendo que nem sempre foi, é ou será perfeito, há em você uma vontade indestrutível de crer (e querer) na alegria das pequenas coisas: no muito que é, com tudo o que tem. Orgulhe-se de você. Elogie o seu equilíbrio. E a reconciliação consigo mesmo.

✳

```
    O muito que é,
 com tudo o que tem.
```

ACREDITE, COISAS BOAS ACONTECEM

Abrace a fortuna maior que tem na vida:

os lugares e as pessoas que nos esperam, sempre.

Aqueles que podemos não ver todos os dias,

mas amamos (e nos amam de volta) a vida toda.

Não sei que decisão precisa tomar ou que passo precisa dar. Sei que da vida nunca se desiste. E sei que há uma palavra que deve repetir sem limite: persista. Sei que na esperança se confia sempre. E sei que tudo o que arde um dia cura. Sei que tudo o que termina permite um recomeço. Sei que o fundo do poço também é um lugar para se tomar impulso. E sei que de todas as pessoas do mundo a única que você jamais deve abandonar é a si mesmo. Sei que coisas boas acontecem a quem não perde a fé.

✷

```
    O fundo do poço
   também é um lugar
  para se tomar impulso.
```

A vida me trata bem.
Deu-me um coração
profundamente
agradecido
e uma alma absolutamente leve.

Aquilo que nos define e nos distingue dos outros é a maneira como nos erguemos após uma queda. É o tempo de que precisamos para voltar a respirar, e a elasticidade da resistência emocional que mostramos para curar as feridas da alma. Para isso, é preciso mais do que otimismo e atitude positiva. É preciso coragem e amor-próprio.

Aquilo que define e distingue os outros é a maneira como nos amparam, nos dão a mão e nos ajudam na queda ou, pelo contrário, pisam e passam por cima de nós quando tentamos nos levantar. Para isso, é preciso mais do que uma simples amizade. É preciso empatia, generosidade e solidariedade.

No fundo, tudo se resume ao amor: o próprio, que nos eleva a autoestima e nos reforça a confiança; e o que os outros nutrem por nós – que sentimos (ou não) como um porto seguro nos momentos em que a vida nos arrasta para grandes tempestades.

O que deixa para trás
                    e o que leva para a frente
(só) precisa de fé.

A vida ensina que há muita estrada para andar. E que, por mais cansado que se sinta, deve sempre continuar. Que, mesmo que vá devagar, o mais importante não é quando, mas onde vai chegar. A vida ensina a permanecer onde só há amor. Ensina a fazer as malas e a dizer adeus aos lugares onde não nos devemos demorar. Que, quando o coração diz "basta", a única resposta é largar, sem remorsos ou contas a ajustar. A vida ensina a querer o melhor para nós. E a desaprender por inteiro o verbo aguentar. E a repetir para si mesmo: conte comigo! E a seguir o seu caminho vestido da sua coragem e da sua fé, a mesma que se move pelo amor que só você pode se dar: o próprio.

✳

```
        A vida ensina a permanecer onde só há amor.
```

Acredito e pratico
a melhor forma de olhar para a vida:
sob o sol do otimismo.

São maiores os dias em que confiamos em tudo o que nos acontece e tudo aquilo que fazemos com o que nos acontece, que existe o que uns chamam de coincidência, acaso, pura sorte, e nós chamamos de universo a conspirar a nosso favor.

São maiores os dias em que confirmamos que tudo nesta vida acontece por uma razão e tudo nos aproxima mais de quem somos e daquilo que queremos, mesmo muito, para sermos mais felizes. O resto é isso mesmo, o resto. E, na verdade, não importa nada.

Seja uma luz para os outros.

Todos os dias adormeço acreditando que uma coisa maravilhosa vai me acontecer amanhã. Mantenho um foco de energia positiva dentro do meu coração (e do meu abraço). Não digo mal de mim mesma. Aproveito sempre as pequenas alegrias da vida. Não vivo no passado e não julgo nem me comparo com ninguém. Mantenho uma fé inabalável em Deus. Acredito que a boa energia atrai a boa energia, e o oposto também. Foco o lado bom da vida, dos outros, de mim.

Que de olhos bem abertos

decida escolher

o encontro com a felicidade

a cada dia.

Você nasceu para ser feliz.

Decido o que eu quero. Acredito que posso ter, que mereço ter, que é possível ter. Peço ao meu coração que tenha paciência, que tenha fé, que confie. Que no meio de um medo e de uma dúvida exista a coragem. E que, quando (ele) sentir que deve deixar ir, entenda que isso não é desistir, mas apenas aceitar que há coisas (e pessoas) que não podem ficar.

∗

```
        Deixar ir é apenas aceitar
que há coisas (e pessoas) que não podem ficar.
```

Há sempre uma janela aberta

(aqui dentro)

a lembrar-me

que entre o que tira e o que traz

a vida sabe o que faz.

Procurar algo positivo no negativo é um enorme desafio diário. É pôr o cérebro em forma todos os dias. É dizer-lhe que está tudo certo, que estamos (re)começando e que contamos com ele para manter o foco no bom. É contar até dez e aceitar com carinho o que me acontece por dentro. É repetir-lhe, muitas vezes, que há um único recanto do universo que podemos ter a certeza de poder melhorar: o nosso.

São grandes os dias em que a lei da compensação

nos faz perceber que o importante,

aquilo que realmente interessa e conta

para este campeonato que se chama vida,

nasce dentro de nós, todos os dias.

Guardar fôlego e coragem para os dias difíceis. Guardar fé e força para persistir nos bons caminhos. Guardar amor e compaixão para dar abraços todos os dias – ao nosso coração e aos corações que são a nossa casa. Guardar tempo e paciência para saber esperar pelo que de bom vai chegar. Guardar luz e gratidão por cada sim e por cada não. Respirar fundo. Olhar para a vida sem expectativas de perfeição. É o que é. E será o melhor que puder ser. E nunca esquecer que ter saúde, paz e amor é tudo aquilo de que mais precisamos para fazer a nossa sorte acontecer.

∗

```
Guardar tempo e paciência
     para saber esperar
  pelo que de bom vai chegar.
```

Vai apaziguando as suas dúvidas

na serenidade do que te diz o coração:

sabe que precisa de pouco para ser feliz,

e que o que tem somado ao que é

é tanto que preenche cada espaço,

cada milímetro dos seus dias,

da sua alma e das suas certezas absolutas.

Mantra para todos os dias:

Que eu seja capaz de levar cada um dos dias de cabeça erguida e de coração leve. Que eu consiga lidar o melhor que puder com os embates da vida. Que me lembre muitas vezes – com ternura e um abraço – que as respostas erradas também me fazem chegar às respostas certas. Que eu não viva a suspirar pelo que há de vir, mas sim focada e serena no que é, no que está e no que fica. Que eu tenha no amor e na fé o oxigênio essencial para cada um dos meus dias. Que eu saiba descomplicar olhando para todos os motivos que tenho para sorrir e agradecer. Que no final de cada dia consiga resgatar energia para repetir a mim mesma com toda a força de acreditar: no final, vai dar tudo certo.

✳

```
No final, vai dar tudo certo.
```

Qualquer hoje é dia mundial do recomeço.

E a única certeza absoluta que trago comigo é esta:

de todos os amuletos do mundo,

a fé é sempre o que me traz mais sorte.

Abrir caminhos, seguir a vida, sentir-me inspirada pelos dias bons, ser a luz do meu caminho, buscar sempre o melhor de mim, acreditar nas escolhas que fizer e dizer com força "eu não sou os outros" quando a dúvida aparecer. "Desapertar" o coração, ouvir sempre a sua voz, arejar a alma e a vida, dizer a mim mesma "vai ficar bem" quando cair e quando perder (tudo o que sai não me fará falta), provar a mim mesma que, quanto mais me dizem que não serei capaz, mais força me dão para não desistir de acreditar. Em mim.

※

Tudo o que sai não me fará falta.

A vida ensina,

da forma que sabe.

Sinaliza,

adverte,

nos coloca em situações

que nos obrigam a ver a verdade.

O compromisso é ser sempre protagonista da nossa própria história. E dela fazer o que o nosso coração mandar.

A dor pode ser uma tempestade profunda, mas é através dela que nos tornamos guerreiros de luz. E que alcançamos as coisas mais extraordinárias a que muitos chamam de coincidências e eu chamo de fé.

✳

```
A dor pode ser uma tempestade profunda,
  mas é através dela que nos tornamos
            guerreiros de luz.
```

Não ignorar aquela voz interior

que fala conosco,

que nos aponta caminhos,

que nos faz sentir bem ou mal

com esta ou com aquela pessoa,

nesta ou naquela situação.

Não tirar o som que (aqui dentro)

funciona como o nosso sistema de navegação interno

e que nunca se deve ignorar,

mandar calar,

racionalizar,

arranjar desculpas para o afastar.

Quantas vezes, por amor, dissemos não a novos desafios. Recuamos. Avançamos. Fechamos portas. Saltamos janelas. Mudamos o rumo da nossa vida. Não cumprimos compromissos. Alteramos prioridades. Por amor, já fiz escolhas difíceis. Hoje sei que foram as melhores escolhas. Foram por amor. Foi o coração que me guiou. Não mudaria uma vírgula.

Há um dia em que acorda decidindo:
ser feliz nunca é sobre o que lhe falta,
é sobre saber dar valor ao que você tem.

Todos nós já tivemos decisões difíceis a tomar. Todos nós já nos arrependemos de alguma coisa. Do que fizemos e do que não tivemos coragem de fazer. Do que permitimos que nos fizessem. Quando compreendemos que as falhas fazem parte do processo. Quando percebemos que cada decisão foi adequada a cada momento. Quando a vida nos põe a mão no ombro e nos diz "fez a escolha certa", ficamos em paz. E é tão boa a sensação de estar em paz.

✳

```
Fez a escolha certa.
```

Na vida,

você só fracassa

quando tenta caber

na vontade dos outros.

E quando (se) repete:

é tarde demais para ser feliz.

Quando estamos envolvidos na rotina dos dias comuns, não é fácil pensar menos. Viver mais também nem sempre se consegue. É nas fugas que esse exercício se torna mais bem-sucedido. Pelo menos por aqui, sinto que é. Desliga-se o complicômetro, arrumam-se os relógios, dá-se folga aos celulares e esconde-se o computador. Marcamos encontro com a vida que queríamos viver mais. E pensamos menos.

Às vezes,

é nas pequenas coisas,

nas mais simples

e naquelas em que poucos reparam,

que se encontram todas as respostas.

Da vida para você: às vezes sou dura, mas você aprende a se dar mais valor. Às vezes te faço chorar, mas você aprende a ser mais forte. Às vezes te empurro para a frente, mas você aprende o tempo certo de avançar. Às vezes te puxo para trás, mas você aprende o tempo certo de parar. Às vezes demoro a responder, mas você aprende o quanto vale o verbo esperar. Às vezes tiro o seu tapete, faço-o falhar e recomeçar, mas você aprende que, por si mesmo e para si, vale sempre a pena tentar. Em todos os dias e nas menores coisas, faço você ver, perceber e aceitar que "isso" passa rápido demais, que não dá para fingir, que não dá para fugir, que não dá para não querer ser... feliz.

※

Às vezes demoro a responder,
mas você aprende o quanto vale o verbo
esperar.

coragem

Aconteça o que acontecer,

venha o que vier:

nunca nada está perdido.

O princípio da coragem

Sem coragem nenhum de nós teria nascido, nenhum de nós teria sido capaz de começar a falar, de começar a andar, de namorar, de perder e de ganhar. A nossa história, a história de cada um de nós, é, desde o primeiro dia da nossa existência, uma história de coragem. Este livro foi escrito durante a pandemia de covid-19 e poucas vezes em nossas vidas sentimos tanta necessidade de nos socorrermos da nossa coragem e até da coragem dos que nos rodeiam, ou tantas vezes sermos nós próprios a dar e a partilhar de uma coragem que nasce da necessidade para com os outros, os mais ou menos próximos, os que amamos.

Sem coragem nenhum de nós vai se levantar dessa queda na confiança no amanhã, na certeza de que tudo se resolverá. Perdemos muito do que dávamos por garantido ou, então, aprendemos que dávamos por garantido algo que é demasiado frágil. A nossa vida, a nossa saúde e a daqueles que amamos.

Precisamos mais do que nunca ter coragem, por nós e por eles.

Acredito muito que, às vezes, é preciso que se apaguem as luzes para vermos com mais claridade. Às vezes, temos mesmo de nos desconectar de tudo, para voltarmos a estar ligados a todos (os que interessam).

Neste capítulo, que fala dessa atitude tão decisiva na vida, quis muito que a mensagem chegasse a todos como uma força extra. Como um enorme balão de oxigênio cheio de fé em quem a vai ler. Como uma centelha de esperança e de fé que jamais se apagará do peito de quem a vai ler. Porque eu acredito (mesmo) que todos temos superpoderes. Acredito que todos somos capazes. Acredito que todos podemos inspirar outras pessoas – às vezes, muitas vezes, não temos a menor ideia do quanto a nossa forma de ser e de estar na vida inspira quem está à nossa volta.

O que de verdade importa é o grau de coragem que cada um de nós tem. E a forma e a força como usa esse nível de coragem para assumir quem somos e ir em frente atrás do que queremos, de tudo aquilo em que acreditamos.

Sei que vivemos tempos em que é difícil manter firme o coração. Momentos em que parece quase impossível manter a luz acesa dentro do peito. É nesses dias que precisamos repetir (ainda) com mais força e com mais fé: não estamos sozinhos. Que saibamos olhar para o lado e reparar em quem nos ajuda (e em quem nós podemos ajudar) a levantar. Que o medo e a incerteza não nos impeçam de ver, e de agradecer, toda a luz que há à nossa volta. Estamos aqui. Ainda estamos aqui.

Que a nossa coragem nos ajude a espalhar o melhor que somos, o melhor que temos.

O mundo precisa de corajosos. E o mundo agradece a sua coragem.

Não há uma receita, um mapa ou qualquer tipo de garantia. A vida nos pede coragem, entrega e verdade, nos pede força. E há dias em que estamos com isso tudo em dia e a vida flui. Há outros que não. Nada disso faz sentido, fica difícil acreditar, levantar, seguir. É assim no amor, no trabalho, com os filhos. E tudo ao mesmo tempo ou numa alternância cansativa. Quando será que termina? Que sossega? Acho que nunca. Mas há dias em que mergulhamos e não nos afogamos, que dói, mas não destrói, e que conseguimos fazer passar mais rápido, para recomeçar logo ali. O que tenho entendido é que isso nos constrói, nos torna mais fortes, mais resistentes e conscientes de que há sempre novos caminhos e novas possibilidades.

Então, repito a mim mesma, respiremos.

Um dia, há de ficar tudo bem.

É o que você faz que te define.
Não o que você diz.

Respiro fundo. Inspiro a certeza de que tudo está certo e expiro a confiança que tenho em mim, em Deus, no Universo. Vivo com (cada vez) mais calma. Acredito que mereço coisas boas e foco nisso. Descomplico em tudo. Relativizo o ruído. Conheço-me. Sei-me em paz. E agradeço. Porque confio. Porque sigo (sempre) as minhas respostas. Porque não me alimento de queixumes e porque não tenho paciência para coitadinhos. Todos os dias tento me preservar de pessoas e "coisas" tóxicas. Mantenho-me a uma boa distância de segurança. Nem sempre consigo. Mas, como sou a arruda e a espada-de-são-jorge da minha vida, quando me falha o radar, a vida intervém, a seleção natural acontece e, na minha bolha segura, ficam (só) as pessoas-alecrim, as pessoas-sol, as pessoas-que-me-fazem-bem.

✳

Quando me falha o radar, a vida intervém.

**Algumas coisas maravilhosas
só puderam acontecer
porque outras saíram fora do que planejamos.**

É fácil apontar o dedo. É fácil julgar. É tão fácil ficar sentado e debater a vida dos outros. A gordura ou a magreza, a falta de cérebro e as manias, as vaidades e as tontices, as escolhas e os amores, o estilo de vida e as atitudes, os silêncios e as lutas que compram, os amigos que têm e os que afinal não têm. É fácil falar dos outros quando há tanto dentro de nós que está desarrumado. Porque, quando nos empenhamos tanto em enumerar os problemas dos outros, encontramos uma forma de não pensar nos nossos, de encolher os ombros, de deixar para lá, de tapar o sol com os "eu acho que". A verdade é que olhar para o nosso lado sombra, para as gavetas de dentro, para tudo o que precisa ser arrumado, custa muito mais, é um caminho muito mais longo e demorado do que simplesmente apontar o dedo e criticar.

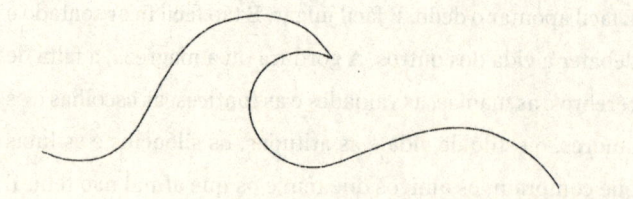

Peça o que quer – mesmo correndo o risco de consegui-lo.

O início de um ciclo confirma o final do outro. É sempre assim na vida. Passamos por tormentas, nadamos contra a corrente e, quando estamos no olho do furacão, nunca conseguimos nos lembrar de uma verdade tão simples quanto a da nossa existência: a calmaria acaba sempre por chegar. Sempre. E (quase sempre) traz com ela um começo muito mais bonito, muito mais luminoso, de mar azul e calmo, como se quisesse nos recompensar por tantos dias de (e em) mar revolto.

※

A calmaria acaba sempre por chegar.

Pessoas feitas de coragem

também têm medos.

Pode deixar para trás qualquer história em que não se sinta bem. Pode deixar qualquer relação em que tenha deixado de se amar. Você pode deixar uma pessoa ou um lugar que diminui a sua luz em vez de te fazer brilhar mais. Pode arrumar todas as suas malas e começar uma nova história num outro lugar. Você pode.

Desistir de certas coisas

e de certas pessoas

não é para os fracos.

É para os que têm a coragem de erguer a cabeça,

a voz e o coração,

e voltar a acreditar que merecem o melhor,

muito melhor.

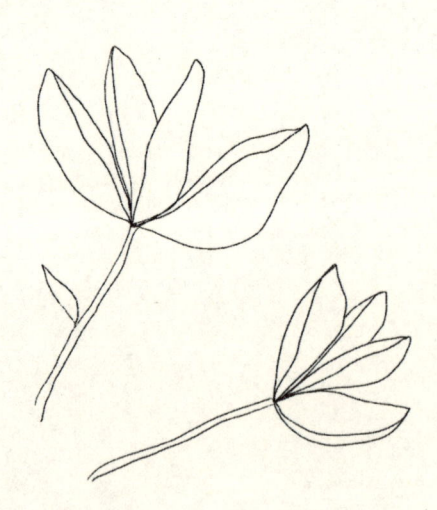

Honre o seu passado. Tudo o que viveu, o bom e o mau, fez de você a pessoa que é hoje. O seu caminho se moldou e foi exatamente o que precisava ser. Não pense que foi perda de tempo. Nunca é, nunca será. Cada situação que viveu serviu para te trazer até aqui. E aqui é o lugar certo para você. Não se culpe. Não repita que podia ter feito diferente. Fez o melhor que podia com o que sabia. Perdoe-se. Não se culpe pelo passado. Você não sabia o que sabe agora. Acalme o seu coração. Você tem muito valor. Você é suficiente. Sempre.

✷

```
Você não sabia o que sabe agora.
```

ACREDITE, COISAS BOAS ACONTECEM

Enquanto há tempo,

guarda mais tempo para si.

E de coração inteiro

deixe a vida acontecer.

Deixe que a partir daí,

desse lugar de dentro

onde já deu tudo,

foi tudo e fez tudo,

seja ela,

a vida,

a lhe mostrar o caminho.

com amor,

d e v a g a r i n h o .

Mais importante do que a chegada é o caminho. Temos tanta pressa de chegar que nos esquecemos de aproveitar todas as coisas boas que o caminho nos dá. Traçamos metas grandiosas para as nossas vidas e deixamos de celebrar cada passo, cada conquista, cada pequena alegria. Há em todos nós uma tendência para a insatisfação, e isso nos impede de ver que já somos felizes, aqui e agora, com tudo o que somos, com tudo o que temos. É preciso valorizar mais o caminho, olhar em volta e apreciar cada pedacinho. Interiorizar que a felicidade não está no fim da estrada, mas sim em cada esquina do caminho que percorremos para encontrá-la.

※

```
      Olhar em volta
e apreciar cada pedacinho.
```

O seu mundo vai crescer

      na proporção de tudo

      o que tiver coragem

      de deixar para trás.

    Muitas vezes,

    a força maior

    está em (re)conhecer,

    abraçar

    e cuidar

    das nossas fragilidades.

Eu:

— Quero ser feliz. O que preciso tomar?

A Vida:

— Decisões.

Sempre que a dúvida chegar,

repita a si mesmo

com carinho e fé:

confie na sua força.

Você chega lá.

Quando olhamos para um problema e acreditamos que haverá sempre uma saída, criamos condições de foco e de fé para que as soluções apareçam. Acredito que é (muito) uma questão de energia. Acreditar que é possível e ter fé em nós mesmos mobiliza recursos incalculáveis e faz nascer das entranhas do nosso ser uma força capaz de nos fazer transpor quaisquer obstáculos. Quando desacreditamos de nós mesmos, os nossos caminhos se fecham, a nossa clareza desaparece, a nossa luz perde força, a nossa energia enfraquece. Mas, quando acreditamos em nós, uma luz interior se acende e os nossos caminhos são iluminados pela certeza de que somos capazes. Resgate a confiança em si mesmo. Acredite, sinta a sua força voltando, o seu ânimo se revigorando e a sua coragem vibrando no peito.

**Nada compensa sentirmos que,
todos os dias,
nos afastamos mais um pouco de quem somos**

e do que ainda queremos ser.

Coragem e resiliência, uma forma de estar na vida. É muitas vezes nos momentos mais sombrios que se revelam as nossas maiores forças. As pessoas resilientes sabem que só o são por causa dos grandes desafios que tiveram de enfrentar. E sabem que o seu foco nunca poderia estar na maneira como evitavam cair, mas sim nas soluções que foram reinventando para se levantar, uma e outra vez. Ninguém sabe o que é a coragem se só tiver vivido coisas boas. E ninguém sabe o quanto é amado e querido até o dia em que perde o receio de pedir ajuda, de pedir o apoio das pessoas da sua vida.

Às vezes,

importam mais as perguntas

que temos a coragem de fazer

do que as respostas

que queremos tanto receber.

Abrir espaço no peito para o amor-próprio. Acreditar mais em nós. Enfrentar medos com um abraço em nós, com a coragem de sorrir todos os dias para nós, com a força que vem da alegria de viver esta vida que é a nossa, com tudo o que tem de bom e de mau. Amar a pessoa que somos, cuidar de nós, nos protegermos, nos cercarmos de pessoas que nos elevam e encorajam. Confiar nelas: não é por acaso que a vida as trouxe até nós.

✳

Não é por acaso.

deixe

que a intuição funcione como um radar.

deixe

que seja ela a definir a distância de segurança.

deixe

que esse-medo-às-vezes-tão-grande

(mas fraco)

perca força ao lado dessa coragem-às-vezes-tão-pequena

(mas forte)

de querer

(e lutar muito para)

ser feliz todos os dias.

Aqui e agora. Estar presente e trabalhar o foco para permanecer no momento que estamos vivendo. Respirar lentamente e, ao expirar, deixar ir todas as coisas que nos preocupam. Manter um *post-it* colado no espelho da nossa vida: a perfeição mata a diversão. Nada (e ninguém) é perfeito. Um grande viva! À vida real, às pessoas reais, à comida real, ao amor real, a tudo o que nos traz alegria, mas também aos dias virados do avesso, aos dias tristes, aos dias de ansiedade, aos dias sem rumo e a tudo o que uma boa viagem-de-vida tem dentro. Abraçar a imperfeição e ser feliz no hoje.

RECOMEÇAR sempre foi
e SEMPRE SERÁ
o seu maior ATO DE CORAGEM.

A vida nos pede, todos os dias, que tomemos decisões. Mas, muitas vezes, e por medo das consequências, optamos por renunciar ao nosso poder de escolha. Esquecemos que as decisões têm consequência, mas que as indecisões têm ainda mais. A mudança que tanto desejamos está nas decisões que muitas vezes não tomamos. Muitas vezes é preciso tomar decisões que fazem doer o coração, mas que tranquilizam a alma. Então, quando as coisas não fizerem mais sentido para você, não tenha medo de mudar a rota. Só vai descobrir novos caminhos quando mudar de direção. E, mesmo que já tenha andado muito, há sempre a possibilidade de escolher um novo caminho. Encerrar ciclos é permitir que a vida tome um rumo melhor. Por você. Para você.

∗

Não tenha medo de mudar a rota.

É preciso uma boa dose de "querer viver"
para haver coragem para seguir o coração.

Precisamos aprender a encerrar capítulos. Não por incapacidade ou por orgulho, mas porque simplesmente "aquilo" já não se encaixa mais na nossa vida. Fechar a porta, mudar o disco, limpar a casa, sacudir a poeira. Pelo bem da nossa saúde mental, em algum momento da vida precisaremos assumir a responsabilidade de decidir o que continua e o que não continua na nossa vida. Precisamos reconhecer o que acabou e ser capazes de encerrar esse ciclo, de pausar, de nos reorganizarmos emocionalmente para iniciarmos um novo ciclo. Fechar ciclos é sinal de maturidade emocional, pois exige uma dose de coragem, força, determinação e sabedoria para deixarmos para trás pesos desnecessários. É preciso florescer. A vida não espera.

※

`É preciso florescer.`

DESCOMPLICAR a vida
　　do lado de dentro
　　é a bússola mais certa
　　PARA SER FELIZ.

Uns lhe chamam desalento, outros, as marcas da vida. Para uns, é uma lufada de ar fresco; para outros, um formigueiro na alma, um beliscão na coragem, um ponto de virada que chega do nada (ou do tudo) e nos arranca do pior cenário de todos: nem feliz, nem infeliz. Aguentando. Enquanto refletimos sobre as voltas que a vida dá e sobre as lições que muitas vezes só entendemos muito tempo depois, percebemos que, às vezes, quando não sabemos o que mudar, é hora de mudar tudo. Somos pessoas feitas de camadas. Sabemos que há coisas na vida para as quais nunca vamos estar preparados e que é aí que entra a diferença entre a fé herdada e a fé vivida. Que podemos cair muito, mas é nesse cair que aprendemos uma das regras fundamentais da sobrevivência: se a vida ainda não nos deu o que queremos, é porque não é disso que precisamos.

※

```
Se a vida ainda não nos deu o que queremos,
   é porque não é disso que precisamos.
```

Decido o que quero.

E não há um dia

que não repita a mim mesma

com a força de quem não desiste:

tudo o que vem,

vem no tempo certo.

Tão importante quanto definir um plano de ação é saber quem são as pessoas-força, as pessoas-motivação, as pessoas--vai-dar-certo, as pessoas-você-é-capaz, as pessoas-hoje-foi--só-um-dia-ruim-e-passa, as pessoas que por nada desta vida te deixarão para trás. Pode ser só uma, aquela que gosta tanto de nós e vibra tanto com as nossas conquistas, que vale por uma centena.

É você
que escolhe.

É você
que decide.

É você
que sabe o que é melhor para si.

É você
que faz o seu mundo girar.

E é você
que diz a si mesmo:
está tudo certo, vai correr tudo bem.

Somos capazes de sacudir o (nosso) mundo e temos em nós tudo para dar certo. Mas é preciso ir. E tentar. É preciso arriscar cair e depois levantar. É preciso manter muito vivo aqui dentro o único ingrediente secreto que há na vida: acreditar. E o resto, o resto vem.

Pare um pouco.

Pare e converse com o seu coração.

Abra as janelas todas e deixe a luz entrar.

Aprende a oferecer-te flores,

e músicas,

e livros,

e muitos cadernos onde anota tudo o que vai aí dentro.

Ouça-se,

compreenda-se,

aceite-se,

abrace-se.

Há um dia em que volta a escolher. Respira o equilíbrio entre desiludir os outros ou desiludir a si mesmo, entre o respeitar os outros ou respeitar a si, entre o fazer os outros felizes ou ser VOCÊ feliz. Leva o sol debaixo da pele, a coragem dentro do coração e a simplicidade na palma da sua mão. Há um dia em que acorda a decidir: ser feliz nunca é sobre o que te falta, é sobre saber dar valor ao que tem.

✷

```
    Leva o sol debaixo da pele,
     a coragem dentro do coração
e a simplicidade na palma da sua mão.
```

Não arrastar
        o ponto-final
quando sabemos
        que aquela vírgula,
        aquelas reticências,
        aquele ponto e vírgula
já não cabe.

Custa dizer não quando pensamos mais nos outros

(e no que os outros vão pensar ou sentir)

do que em nós e em tudo aquilo que pensamos e sentimos.

Às vezes tem que ser a vida a pôr o ponto-final por nós.

A bater a porta.

A virar a mesa.

A gritar alto.

A fazer a revolução.

A resolver.

Por nós.

Houve um tempo em que o medo de perder me impedia de acreditar que podia ganhar. Houve um tempo em que o medo de cair me impedia de acreditar que podia voar. Houve um tempo em que o medo de saber me impedia de acreditar que podia falar. Houve um tempo em que o medo de falhar me impedia de tentar, me impedia de desapegar, me impedia de soltar, me impedia de acreditar que podia (porque merecia) deixar de aguentar. Depois chegou outro tempo. Um tempo de abraçar todos os danos e de perceber que nunca mais seria a mesma (e de agradecer por isso, todos os dias). Depois do depois, chegou um tempo de aprender a respirar fundo, de dizer bem alto "gosto muito de mim", de encolher os ombros ao resto muito mais vezes, de virar a página sem medo do que virá a seguir, de pôr pontos-finais sem perder muito tempo com as vírgulas dos outros, de me ouvir em primeiro lugar, de me querer bem em primeiro lugar, de me dar os parabéns por cada passo firme que dou e por me apoiar sempre em cada ímpeto de força que resgato sempre que a vida me convoca a recomeçar.

ACREDITE, COISAS BOAS ACONTECEM

Às vezes

é preciso aprender

     a deixar ir

e é preciso ter força

    e coragem

    e oxigênio

para desfazer verdades absolutas

    e abrir o coração

para o que (de bom) há de vir.

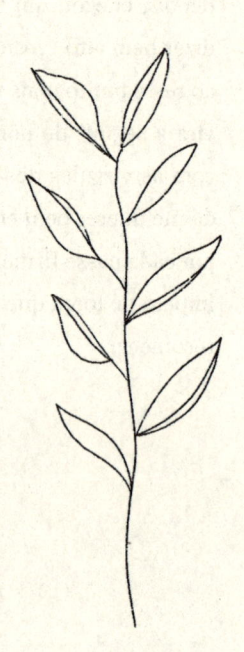

Todos temos dias, semanas, meses muito ruins. Péssimos mesmo. Com péssimos momentos, péssimas notícias, perdas insubstituíveis, ciclos que nos tiram o chão. Mas é nesses momentos que a vida (mais) testa a nossa coragem. A nossa coragem e a nossa recusa em desistir. Seguir em frente e agir, agir, agir tem sido a forma mais eficaz e mais rápida que encontrei de sair do medo que paralisa. Olho de frente para quem sou, para o que já tenho e para o que estou fazendo a mim mesma, agora. Tomo consciência do ponto de partida, ajusto as coordenadas do meu sistema de navegação interno e defino o que acredito que tenho de mudar para lá chegar.

Seguir em frente talvez lhe pareça pouco neste momento, mas a grande vantagem de praticar o verbo ir e de agir, agir, agir é permitir-se sair da roda de hamster, da culpa que (tantas vezes) teima carregar aos ombros, e desse vazio tão denso que se chama ter-pena-de-si-mesmo. Nos dias mesmo muito difíceis, ajuda-me ter muito presente este farol:

"Estamos todos no fundo do poço,
mas alguns de nós ousam olhar para as estrelas."
OSCAR WILDE

É preciso
>   dizer não
>   sem sentir
>   um peso
>   no coração.

É preciso
>   aprender a aceitar
>   que é bom
>   sermos nós
>   em primeiro lugar.

Toda a força de que precisa você encontra dentro de si. Não é sempre óbvio e não é sempre fácil (ou simples). Mas ela está lá. À espera do seu salto de fé, à espera que aperte o botão *slow* da sua vida, à espera que pare para retirar todo o peso de cima dos seus ombros, à espera que se reencontre consigo. Nas minhas fases mais complicadas (e agitadas), esta lista do Sim ajuda-me a centrar, a focar e a manter o coração do lado certo da vida:

– Escrevo uma lista de tudo o que de bom tenho dentro de mim. Das minhas qualidades. Das minhas forças. De tudo o que me levanta do chão quando ocorre o impensável. Da minha resiliência, da minha determinação, do melhor que se destaca no pior, da minha coragem, do meu estoicismo. É esta lista que (acredito) vai te ajudar a seguir em frente. É esta lista que vai te ajudar a parar e a ouvir o seu coração. É esta a lista que vai te ajudar a encontrar as setas do caminho, o lugar seguro que te lembra – sempre – da força que tem.

ACREDITE, COISAS BOAS ACONTECEM

Sabemos que estamos

no caminho certo

quando escolhemos viver

o caminho da verdade,

da verdade dentro de nós

e da verdade

que parte de nós para os outros,

sendo que também nos outros

está algo de nós

que precisamos cuidar.

Saber prolongar os dias bons é um talento. Saber roubar à agitação dos dias o tempo certo para abrandar e abraçar o que de verdade importa é uma lição de vida para não esquecer. Quando nos tornamos muito ofegantes na infindável correria dos dias, deixamos de conseguir reparar nos detalhes e nas lições que cada momento e cada pessoa nos trazem. E como são importantes e edificantes. Nas nossas listas-para-tudo, queremos muito saber viver bem. Mas vamos esquecendo dois pequenos tópicos que são essenciais para o tão almejado equilíbrio: para saber viver bem é preciso saber parar (bem). E aos olhos do nosso coração deveria ser apaziguador poder dizer bem alto: o (resto do) mundo pode (aprender a) esperar.

※

O (resto do) mundo
pode (aprender a) esperar.

Sobre acreditar:

só fica

o que for

para ficar.

Que a nossa promessa constante (a nós mesmos) seja a de nos lembrarmos sempre do nome da força que nos faz levantar, encher o peito de ar e voltar a acreditar. Que a Vida seja nossa amiga e que nos vá ajudando a pôr no peito pequenos balões de esperança. Que nos obriguemos a não desistir nunca do verbo-maior, aquele que, sob múltiplas formas, pessoas e lugares, dá o verdadeiro sentido a qualquer plano.

※

Quando me falta coragem, sobra-me amor.

Ter coragem

não é igual a não ter medo.

E ser feliz

não é igual a não ter dias ruins.

Nem tudo na vida acontece como mais queremos, mas tudo acontece como deve acontecer. Muitas vezes, são as escolhas mais difíceis, as que desorientam e inquietam o coração, as que mais precisamos que aconteçam. Agradeço sempre. Agradeço mesmo sem entender. Confio que o tempo vai acertar os ponteiros. Confio que é aqui, nesta exata coordenada, que a minha fé se agiganta. Por mais que uma parte do mundo seja um lugar assustador, por mais que nos tente afrontar, que nos tente empurrar e fazer cair, não desisto. Não desisto nunca de ser quem sou. Não desisto de mim e dos meus sonhos. Porque acredito, profundamente, nessa luz que trago dentro. E porque confio, absolutamente, na coragem que tenho de fazê-la brilhar. Um vento forte pode até levar as folhas, mas jamais levará as raízes.

✳

```
Confio que o tempo vai acertar os ponteiros.
```

Há uma bússola

que guardo por perto

nos dias

em que me preparo

para recomeçar:

cada um tem o seu norte.

Ser feliz é o meu.

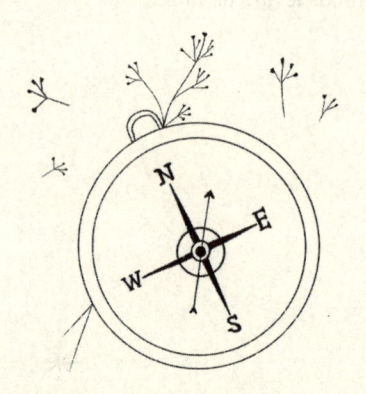

Por mais difícil que esteja a vida, haverá sempre no nosso caminho quem nos queira ajudar, quem queira cuidar, quem chegue para plantar o bem, quem não (nos) largue a mão por nada. E uma só pessoa pode ser (e valer por) muitos. As poucas certezas absolutas que temos devem incluir sempre uma das mais simples: ninguém sai ileso da turbulência da vida, dos dias mesmo ruins, das subidas muito íngremes que nos tiram o ar, das tempestades devastadoras que nos tiram o chão, da falibilidade dos planos que não dão sempre certo. Mas é nesse seguir em frente e arriscar-cair-outra-vez que se tatuam as marcas e as assimetrias que trazemos na "pele", aquelas que nos lembram da coragem que tivemos: de ir, de voltar ao zero uma e outra vez, de recomeçar sem o peso (imperdoável) dos "ses" que nos travam o voo e nos roubam a paz.

✵

```
Plantar o bem.
```

Abrir as janelas todas de dentro.

Inspirar toda a luz que vier.

Abraçar os de bom coração.

Agradecer,

sempre.

Coloque intenção no que te faz – verdadeiramente – feliz. Não mude as suas escolhas em função das necessidades alheias. Faça mais por você, para você. Quando se sentir sem fé, desmotivado ou desligado de tudo e de todos (até de si mesmo), está no ponto certo, na hora certa e no lugar certo para mudar. Agarre esse sinal. Faça uma escolha corajosa: escolha com o coração. Desapegue-se dos resultados. Livre-se das expectativas. Não fale: sinta. Faça-se esta pergunta: onde escolhe permanecer e onde escolhe sair? A primeira coisa que lhe vier à cabeça é a que o coração quer te mostrar. Confie. Confie. Confie.

✳

```
Confie. Confie. Confie.
```

ACREDITE, COISAS BOAS ACONTECEM

Um dia

vai olhar para trás,

vai respirar fundo

e vai dizer:

foi muito difícil,

mas eu consegui.

Vamos sempre a tempo de recomeçar, de pôr um ponto-final onde já não cabe uma vírgula, de não desistir de nada, nem de ninguém, só porque sim, mas também de saber a hora certa de parar de insistir.

Quando precisamos arrumar a vida, devemos começar sempre pelas gavetas de dentro.

*

```
        Pôr um ponto-final
   onde já não cabe uma vírgula.
```

Às vezes,

a maior sabedoria

está em calar.

E observar.

Começamos a saber respirar quando não carregamos culpas que não são nossas. E o nosso caminho fica mais iluminado quando abrimos os olhos e percebemos quem merece ficar na nossa vida. Tudo começa a dar (mais) certo quando, finalmente, percebemos que às vezes precisamos ter muita coragem para deixar ir e desistir.

E desse dia em diante começamos a acreditar que há lutas que se ganham quando se perde.

※

```
Coragem para deixar ir.
```

Faça.

Vão criticar de qualquer forma.

Acreditar que se merece, aprender a não ter medo de opiniões, querer fazer as pazes com o que se passou conosco, aceitar, perdoar, aprender a continuar, a confiar, a dizer o que queremos, a fazer silêncio quando precisamos, a não desistir, a lidar com o vazio e a preenchê-lo com coisas bonitas.

✽

Querer fazer as pazes.

Prioridades na vida:

a saúde,

o amor,

a paz interior.

Aceitei para poder seguir. Acreditei para conseguir. Agradeci (muito) mais do que pedi. Persisti nos lugares onde queria chegar e fiz tudo o que podia fazer. Larguei os "ses", olhei para as soluções. Dei luz à sombra. Falei mais das minhas alegrias do que das tristezas e, assim, trouxe leveza para dentro. Parei de ter a mania de carregar o mundo nas costas. Escolhi com o coração. Disse mais vezes que não. Confiei no que senti e aprendi que isso será sempre estranho aos olhos dos outros e está tudo bem. Não desperdicei energia no que podia dar errado. Há tanto que pode dar certo. Aprendi que ainda vou tentar muito e que ainda vou errar muito. E que é assim, e só assim, que crescemos, que evoluímos, que vivemos.

Aceitei. Confiei. E voltei a acreditar.

Há meses que foram feitos para trazer respostas. Outros, para arrumar perguntas.

※

```
Agradeci (muito) mais do que pedi.
```

Vai passar por coisas que não merece.

Mas isso só te vai mostrar o quão forte é.

Que a vida nos traga muitos dias de entreabrir janelas e deixar o sol entrar. E dias de dar *reset* aqui dentro e de recuperar o fôlego para recomeçar. Que nos traga dias de renovar a promessa de nunca desistir de tentar, e dias de agradecer muito esse ímã de coisas boas que se chama acreditar.

Merecemos coisas boas e a vida acaba por nos recompensar, por dar dias cheios de luz, pessoas de bom coração e uma mão cheia de caminhos do Bem.

Antes de tudo, que haja em nós força, coragem e resistência para fazer a nossa boa sorte. Tudo está certo. E (um dia) vai dar tudo certo.

✳

```
Vai dar tudo certo.
```

Cabeça erguida,

fé no coração e coragem no caminho.

Aceitar o que tem de chegar ao fim. Dar espaço para o novo, para o que de muito melhor vai chegar. Gostar de nós de verdade (o lado bom e o avesso) e aprender a praticar o desapego do que um dia foi muito bom, mas já não é.

Nada é fácil, mas uma absoluta lufada de fé e de coragem no peito de quem acredita que estamos sempre em tempo de recomeçar.

※

Estamos sempre em tempo de recomeçar.

✳

Amor, fé e coragem.

mais dezesseis textos
para continuar a acreditar
que coisas boas acontecem

O que você faz quando já tentou tudo o que podia e parece que nada é suficiente?

O que dá quando já ofereceu tudo e parece que nada alcança?

A resposta é sempre a mesma, ainda que às vezes se esqueça: mantenha-se de pé.

Porque, por mais força que tenha esse vento, por mais solavancos que afrontem o seu barco, por mais marés que te obriguem a remar contra, você continua aqui, de pé.

Porque há uma força dentro de você que te lembra que a persistência não é uma opção, mas uma prioridade. Porque há uma luz dentro de você que acolhe as suas preocupações e ilumina o seu caminho.

Porque há um fio invisível sempre pronto a aproximar o seu coração de outros corações generosos, os que vão te amparar sempre, mesmo quando tudo parecer perdido.

Não deixe de ser quem você é, não se arrependa do que dá com o coração, não se culpe por alguém não lhe dar valor, e nunca, por nada, deixe de confiar naquele seu lado bonito que te mantém de pé:

a sua fé.

Que o seu coração te ensine a tentar, a arriscar, a não desistir de confiar.

Que o seu coração repita a você – baixinho – que há sempre uma nova saída, uma nova oportunidade, uma nova maneira de ver a vida e o que "tem" nas mãos.

Que o seu coração te lembre que para tudo há sempre um novo (re)começo, uma nova fornada de coragem e uma nova lufada de esperança pronta para te levar a caminhos e a corações bonitos.

✳

Não duvide da luz que você tem.

Mesmo que o mundo nos provoque dor, que saibamos sempre agradecer. Por tudo, por todos. Porque nunca é perder, mas sempre aprender.

Não consegue mudar de uma vez tudo o que te incomoda ou faz mal. Comece com pequenas coisas. Com pequenas conquistas que te darão novo ânimo para tentar mais e melhor. Sorria sempre que te disserem que é impossível, segure-se à fé, à sua força, à lei do retorno que funciona sempre. Lembre-se de que as grandes jornadas se iniciam com um pequeno passo. Mantenha-se leal a si mesmo, firme em tudo o que acredita. Perceba que há quem se justifique e quem assuma os erros de cabeça erguida. Há quem fuja e quem assuma as consequências. Há quem desista nas primeiras dificuldades. E quem enfrente sempre os desafios. Há os que se dizem vítimas do "sistema". E os que sabem e assumem a sua parte da responsabilidade. Há quem não se importe de deixar de ter identidade, "coluna vertebral", desde que consiga agradar aos outros, que consiga chegar aonde quer chegar, mesmo que pelo caminho pise em uns, derrube outros, magoe uns quantos.
Aceite que não consegue agradar a todos, que não é possível agradar a todos, mas não negocie aquilo que realmente te define e distingue: os seus princípios, os seus valores, o que você é.

Mudar implica trocar o que é familiar pelo que é estranho.
É como se estivéssemos usando um mapa antigo para uma região nova. Essa troca de "mapas" exige coragem e amor pela verdade. A mudança dentro da nossa cabeça acontece quando percebermos que o novo mapa nos ajuda a ir mais longe que o mapa antigo. E o pior que pode acontecer?
Termos escolhido um mapa pior, e termos que voltar ao anterior.
A qualquer momento estamos em tempo de parar, respirar, ganhar fôlego e dar um passo no sentido de sermos a pessoa que gostaríamos de ser. E esse não é um exercício de egoísmo, mas de amor-próprio. Absolutamente fundamental para quem busca a geometria simples da felicidade.

✳

Você é a sua casa.
Cuide-se bem.

Gosto de acreditar que tenho a capacidade de continuar a sonhar porque passo do sonho à ação. Porque dou corpo e voz aos meus sonhos e não desisto por nada. Gosto dessa força impulsionadora que se chama felicidade. E que é um risco. E uma escolha. E muitas vezes aquilo que nos trava, que nos faz hesitar na hora de dar o passo decisivo para a mudança (seja ela de que natureza for), chama-se preguiça.
Outras vezes chama-se opinião dos outros. E tantas outras (muitas, muitas outras), medo. Muito medo de ser verdadeiramente feliz. Porque dá muito mais trabalho querer ser estupidamente feliz. Ir à luta e não desistir por nada dessa felicidade simples.

※

Escolho o amor em vez do medo.

No dia em que direcionei a minha vida para o meu foco e investi toda a energia nos meus objetivos, tudo mudou.
Acrescentei os ingredientes certos (e as pessoas que vivem na mesma sintonia de luz) e percebi que é assim que a vida avança, que as portas se abrem, que os sonhos ganham forma.
O resto tinha mesmo de ficar para trás.

✵

```
     A cada dia
um novo (re)começo.
```

Move-me o amor. Move-me a vontade de ser *forever young* (como diz a minha música favorita). Movem-me os sonhos de querer sempre mais, mas mais das coisas simples, das pequenas coisas que me fazem feliz. Mais dias de sol, mais dias azuis, mais dias de praia, mais dias de verde, mais dias de flores e de montanhas que cheiram à paz, mais dias de amigos e de pessoas de bem com a vida, mais dias de música e de festivais em que nunca imaginei poder estar, mais dias de viagens, mais dias de mimos, de paixão, de adormecer com o pôr do sol e mais dias em que acordo e digo: sou tão feliz!

*

```
O tempo te mostra
   quem é quem.
```

Não desista por nada
do que pede a Deus
todos os dias.

Preciso de pouco para ser feliz. Preciso de um Amor que seja um farol. De praia que me aqueça os sentidos ou me tranquilize o espírito inquieto. Dos pequenos prazeres que me fazem sorrir. Da liberdade de estar onde eu quero, com quem eu quero e quando eu quero. De fotografias que trazem à memória momentos tão felizes. De música, que pinta os meus dias de amarelo, azul e branco. De dançar, porque liberta o peso do mundo. De amar perdidamente e de estar apaixonada, porque só assim faz sentido. Preciso sonhar e ter sempre novos sonhos. Pois já dizia o poeta que os sonhos comandam a vida. E é tão verdade.

Tenho tudo isso. E mais está por vir. Poucas são as pessoas que enchem o peito para dizer que são felizes, que estão felizes, que sorriem todos os dias e que a vida é fantástica. Há pessoas que têm medo de assumir a sua felicidade, medo de ferir os demais, medo de ter medo. Eu não sei viver assim. Sei que a vida é feita de muitos momentos de felicidade e que devemos vivê-los intensamente, aproveitá-los, sem perder tempo perguntando o porquê. O tempo não perde tempo para explicar coisa nenhuma. Nós também não devemos perder. Esta passagem é a mais rápida de todas. Mas também a melhor.

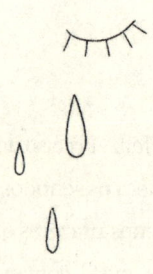

A menina que fui ainda está aqui. Nos sonhos que persigo, na vida que celebro, nas perdas que choro, na esperança que renovo a cada dia, na alegria da partilha que tão bem me define. Eu me esforço em ser uma melhor pessoa. Renovo sempre os mesmos desejos a cada novo ano: paz na alma para enfrentar as batalhas da vida, amor no coração para ver sempre o essencial, alegria a cada amanhecer para aproveitar esta vida que gosto tanto de viver e que em cada intervalo de luta me dá tudo de que preciso para ser feliz.

Vou sentindo o passo mais firme, a vontade mais certa, o coração mais tranquilo. Abrigo todas as pessoas importantes do lado certo da (minha) vida. São elas as peças certas deste imenso quebra-cabeça que é o meu ser e que dão sentido a cada dia. Sou feliz e grata por esse sentido bonito.

Abraço com força a pessoa que sou hoje. Agradeço a quem ilumina o meu caminho e me faz sentir absolutamente afortunada.

Há dias que se enchem de chão e de céu, de pessoas que são pequenos abrigos e de um tempo que nos reconcilia com os nossos sonhos mais fundos. Há dias que nos inspiram (mais) a largar os medos, a colar às mãos a coragem, a dizer sim ao desafio de desmontar as peças de que é feito o coração e de ver como, depois, tudo faz mesmo mais sentido.
Há dias em que juramos nunca esquecer a mania que há muito prometemos não perder.
Uma pessoa deve (sempre) seguir o seu caminho. Mesmo que o sentido possa parecer estar errado aos olhos dos outros.

※

```
Há distâncias que
só nos fazem bem.
```

Olhe para a vida.

A vida está aí.

A te pedir – por tudo –

para viver.

Hoje. Agora.

Sem tempo a perder

com o que não importa.

Não tenho uma lista de resoluções para o novo ano. Tenho sonhos renovados, projetos com ordem de prioridade, o desejo de continuar a ser feliz e a fazer feliz quem me rodeia. Tenho a vontade firme de melhorar sempre, de me reinventar, de me adaptar ao que a vida for colocando no meu caminho, de equilibrar os três papéis mais importantes do meu ser e de continuar a ter a capacidade de me apaixonar pelas pequenas coisas da vida.

E aqui estou, preparada para receber este novo ano de vida como gosto: a alegria de criança que gosto de manter, a coragem de acreditar sempre em mim e a resiliência certa para os dias em que nem tudo dá certo.

Quando abrir os olhos de manhã,
agradeça.
Estar vivo
é um assombro.

Fazer da gratidão o nosso chão, o nosso teto e a casa do nosso coração. Confiar que é ela a força que dá sentido ao caminho. Pedir à vida que a nossa vontade de fazer se cruze (todos os dias) com a nossa coragem de ser.

* * *

Acreditamos nos livros

Este livro foi composto em Georgia
Regular e impresso pela Lis Gráfica
para a Editora Planeta do Brasil em
abril de 2025.